DEBURAU.

EVERAT, IMPRIMEUR,
rue du Cadran, n° 16.

DEBURAU.

A. CHENAVARD. PORRET, SC.

Deburau. Histoire du Théâtre à 4 sous. Tome 2.

DEBURAU.

HISTOIRE

DU

THÉATRE A QUATRE SOUS,

Pour faire Suite

A

L'HISTOIRE DU THÉATRE-FRANÇAIS.

DEUXIÈME ÉDITION.

Tome Second.

PARIS.

LIBRAIRIE DE CHARLES GOSSELIN,

Rue Saint-Germain-des-Prés, n° 9.

M DCCC XXXII.

DEUXIÈME PARTIE.

Autobiographie.

I.

APPOINTEMENS.
ENGAGEMENT.
COMMENTAIRE.
PROCÈS.
ARRÊT.
CONTINUATION DU COMMENTAIRE SUR LE TARIF DES AMENDES.
RÉGLEMENT.
BLANCHISSAGE.

Appointemens.

ANS ce chapitre consacré à ses appointemens, chapitre très-matériel, mais non sans intérêt pour certaines gens, nous sommes heu-

reux de pouvoir rassurer nos lecteurs sur le sort de l'Artiste. Aujourd'hui son sort est aussi brillant qu'il a été triste autrefois. Après s'être élevé à cette réputation Européenne, après avoir fait la fortune de son Théâtre qui est resté debout sans affront et sans retarder ses paiemens d'un jour, pendant que la moitié des théâtres de Paris sont tombés, après tant de luttes, dans l'infâme banqueroute, Deburau devait recevoir la récompense qu'il méritait. Il était temps que son bon génie se montrât, comme lui-même il se montre dans *la Mère l'Oie* par exemple; le bon génie s'est montré enfin non pas sous la forme de l'oie, mais sous les apparences de

M. Nicolas-Michel Bertrand, directeur des Funambules, qui a fait à son Gilles un engagement digne de lui, Nicolas-Michel Bertrand. Après bien des démarches inutiles et bien des fouilles infructueuses dans les archives de ce royaume comique, nous avons été assez heureux pour nous procurer cette pièce si importante dans l'histoire de l'art. Cette pièce nous appartient par droit de conquête. On y voit, à deux reprises différentes, la très-rare signature de Deburau, dont nous donnons ici le *fac simile*. Plus heureux en cela que l'Angleterre qui ne possède qu'une seule signature du grand poète Shakspeare.

Spectacle

DES

FUNAMBULES.

Engagement.

Entre les soussignés, M. Nicolas-Michel BERTRAND, *Directeur du Spectacle des Funambules, demeurant à Paris, Boulevard du Temple, No 18, d'une part;*

Et M. Jean-Baptiste DEBURAU,

Artiste-Funambule-Mime, demeurant à Paris, faubourg du Temple, No 28, d'autre part; sommes convenus de ce qui suit, savoir :

Moi, BERTRAND, *j'engage, par ces présentes, M.* DEBURAU, *pour remplir dans ma Troupe l'emploi de Pierrot, et généralement tous les rôles qui lui seront distribués par moi ou le Régisseur.*

Le présent Engagement est fait aux clauses, charges et conditions suivantes, savoir :

1o Moi JEAN-BAPTISTE DEBURAU m'engage à jouer *tous les rôles* qui me

seront distribués par le Directeur ou son Régisseur ; danser et figurer dans les ballets, divertissemens, *marches*, pantomimes et toutes autres pièces ; *faire les combats ;* suivre la troupe si elle était mandée pour fêtes et réjouissances particulières et publiques, sans rien exiger que les voitures que le déplacement pourrait occasioner.

2° Je promets me rendre aux répétitions partielles et générales ; consentant payer les *amendes prescrites par le réglement que je connais*, et auquel je promets me soumettre sans difficultés ni contestations, me rendre tous les dimanches et jours de fêtes au théâtre *à trois heures*, et les autres jours de la semaine *à quatre*, pour y utiliser mes talens *pour autant de représentations ordonnées* par le Directeur ou son Régisseur.

3° Je consens à me conformer aux réglemens établis ou à établir pour l'ordre du spectacle et *à me contenter du luminaire, du chauffage* et des costumes qui me seront fournis par l'administration.

4° Je consens à ne pas m'absenter de Paris, sans un consentement signé du Directeur, et à me trouver au théâtre chaque jour de représentation, *dans le cas même où je ne jouerais pas*, afin de donner à l'administration la faculté de remplacer un ouvrage qu'un événement imprévu empêcherait de jouer.

5° *En cas de maladie, le Directeur se réserve le droit de suspendre les appointemens de l'Artiste jusqu'au jour de sa rentrée.*

6° En cas d'incendie du théâtre, de clôture par ordre supérieur ou de tous autres événemens majeurs et imprévus, le présent engagement sera nul et résilié de plein droit, à moins que le Directeur ne déclare être dans l'intention de continuer le paiement des appointemens de l'Artiste jusqu'à nouvel ordre.

7° L'Artiste sera tenu de se fournir de linge, suivant les costumes, *de bas, chaussure, rouge et gants*. L'Administration se charge des costumes et accessoires. Les danseurs et danseuses de corde *devront se fournir généralement de tout* pour l'exercice de la danse de corde, et cela *d'une manière convenable*.

Tous les objets fournis par l'administration et qui seront perdus ou endommagés par négligence ou à dessein, seront rétablis dans les magasins au compte et sur les appointemens *des délinquans*.

8° *En cas d'ivresse*, le Directeur ou le Régisseur mettront le délinquant à l'amende, suivant le tarif; en cas de récidive, le Directeur se réserve le droit de rompre l'engagement, sans aucun recours de la part de l'Artiste.

9° Je renonce à tout usage de mes talens sur des théâtres publics et particuliers, à moins d'en avoir obtenu la permission écrite du Directeur, à peine de trois cents francs d'amende.

Moyennant les clauses ci-dessus, fi-

dèlement exécutées, *M.* BERTRAND *s'engage à payer à M.* DEBURAU *la somme de trente-cinq francs par semaine pendant tout le cours du présent engagement.*

Le présent Engagement est fait pour trois années, qui commenceront le lundi après Pâques mil huit cent vingt-huit pour finir le dimanche des Rameaux mil huit cent trente-un.

Veulent les parties, d'un commun accord, que le présent Engagement ait même force et valeur que s'il était passé par devant Notaire, sous peine, par le premier contrevenant, de payer à l'autre partie un dédit fixé à la somme de mille francs.

Fait double et de bonne foi entre les parties, à Paris, le dix décembre mil huit cent vingt-six.

Fait double entre nous.

BERTRAND.

Approuvé l'écriture ci-dessus.

Deburau

COMMENTAIRE.

Un savant docteur en droit, qui est cependant homme d'esprit et de goût, s'était chargé de faire un commentaire sur le *présent engagement*, dans le genre des commentaires de Domat. Après plusieurs jours de travail, le docteur y a renoncé; il a trouvé que les clauses étaient trop simples pour pouvoir être expliquées. A défaut de ce commentaire que nous regrettons beaucoup, nous ferons quelques réflexions qui ne seront pas déplacées ici.

En général, cet engagement consenti à un si grand artiste est fait dans des termes durs et mal sonnans. L'article premier, *jouer tous les rôles*, donne un démenti formel au texte même de l'engagement, où il est dit : moi Nicolas-Michel, etc., j'engage Deburau pour l'emploi de *Pierrot ;* serait-ce à dire qu'on pût faire jouer au *Pierrot* les rôles d'*Arlequin* et chanter le vaudeville *à l'artiste funambule mime* ? Malgré la clause *jouer tous les rôles*, le docteur en droit ne le croit pas, non plus que nous. Quant à *faire les marches* et à *faire les combats*, nous croyons aussi qu'il faudrait expliquer quels combats. A la rigueur le combat à la latte, à la savatte, à coups de poings, ne pourrait pas être refusé par le Pierrot ; mais le combat à l'arme blanche, le combat au pistolet, tous les combats, assauts, embuscades, batailles, etc., nous pensons, le docteur en droit et moi, que Duburau, engagé comme Pierrot, serait parfaitement en droit de les refuser. Une autre observation à faire à l'article premier, c'est sur cette clause cruelle : ne pourra rien exiger que la voiture *en cas de voyage*. Or, on ne dit pas où s'arrêteront les voyages. Le docteur pense que si le directeur *ou son régisseur* entraînaient Deburau dans un pays où les auberges seraient trop chères, à Londres par exemple, où le vin blanc est à si haut prix, il lui serait dû un dédommagement par lesdits directeur ou régisseur. Je pense aussi que, bien que le voyage ne soit pas spécifié, Deburau aurait le droit de plaider si on voulait le faire voyager au-delà des frontières, à Moscou ou à Vienne, ou même à Berlin ; nous ne sommes pas éloignés d'être de l'avis du docteur.

L'article 2, relatif au paiement des amendes, présente une importante question : *quid juris*, dans le cas où les amendes de Deburau s'élèveraient à une somme plus forte que lesdits trente-cinq francs par semaine ? L'artiste serait-il obligé de combler la différence avec son argent ? Le docteur dit : oui, en ajoutant que cela serait rigoureux. Nous, nous disons : Non, sans hésiter et par une très-bonne raison de droit, *parce que la chose serait impossible !*

Une seconde observation sur l'article 2 ; l'artiste s'engage *à jouer autant de représentations ordonnées ;* on demande combien de représentations ? L'humanité veut qu'on n'en joue pas plus de quatre, l'usage en permet jusqu'à six. Les tribunaux seraient fort embarrassés pour décider cette question.

Et remarquez aussi ce mot : *ordonné par le directeur,* qui n'est guère d'usage en pareil cas.

L'article 3, au premier abord, paraît fort innocent : se contenter du *luminaire et du chauffage* tel quel ; la chose est raisonnable et juste, et cependant ce fatal article 3 a été le sujet d'un procès très-mémorable, lequel procès élève ledit article à la hauteur de ce fameux article 14 de la vieille Charte, qui a produit les ordonnances et la révolution de juillet. Voici l'histoire de ce procès.

Vous savez que le théâtre des Funambules était primitivement une espèce de cave dans laquelle on descendait par une demi-douzaine de marches. Depuis les nouvelles constructions le public a monté au théâtre, au au lieu d'y descendre ; mais le théâtre conservait toujours quelques-unes de ses anciennes excavations. Le Directeur ne pouvait faire autrement que de les utiliser. Dans une de ces excavations avait été placée la loge de l'artiste; il s'habillait et se déshabillait dans cette cave; encore tout humide de ses émotions dramatiques, il venait déposer dans ce lieu sombre et désert sa perruque et son ame, sa passion et son habit de Paillasse; transition pénible, qui l'exposait à un double rhumatisme également dangereux, rhumatisme d'esprit et rhumatisme de corps, rhumatisme d'homme et rhumatisme d'artiste. La position était dangereuse; l'amour de l'art le soutint dans sa cave. Pendant l'été le logement était habitable ; mais l'hiver, l'hiver, avec ses glaçons, et sa neige fondue, et son haleine infecte et chaude dans cette cave, l'hiver faisait de cette cave un endroit insupportable. Les premiers succès obtenus, l'illusion, flatteuse enchanteresse, qui jette aux plus laides choses une teinte rose et décevante, ôta peu à peu son illusion au caveau dramatique. A force de succès, le comédien en vint à s'apercevoir qu'en effet sa loge était un peu humide. Il fit quelques représentations modestes à ce sujet ; il représenta que la cave était sombre et malsaine, qu'il l'habitait depuis longtemps, qu'il ne serait pas fâché de voir aller chez lui la lumière du jour.

On ne tint pas compte de ses plaintes; on lui répondait toujours par l'article 3 : *Je consens à me contenter du luminaire et du chauffage*, etc., etc. O cruauté!

L'article 3 était donc là, retenant Deburau dans sa cave, lui jetant la porte au nez quand il voulait l'ouvrir, lui présentant la clef de cette cave avec un air moqueur. L'article 3 faisait à Deburau ce que faisait l'article 14 sur M. de Polignac. Infortuné! c'est l'article 14 qui a présenté au ministre la plume fatale qui signa les ordonnances! Deburau séchait, se démenait, et se paralysait, corps et ame, sous l'influence pernicieuse de l'art. 3.

Se contenter du *luminaire* et du *chauffage*, etc. — O ma cave! ô ma cave! — Deburau se désespérait. L'article 3 se levait debout devant lui, inflexible, osseux, railleur, infect; il s'asseyait à table à ses côtés, il se couchait dans son lit avec lui, il plaçait sa jambe flasque et molle sur la jambe du malheureux, qui se jetait effrayé contre le mur. C'est tout une histoire que l'histoire de l'article 3.

PROCÈS.

A la fin, il résolut de se délivrer à tout prix de ce monstre, fatal ennemi de son repos; il voulut savoir si par exorcisme, par conjuration, par menace, par huissiers, par procureurs, par tous les moyens que rencontre le désespoir, il pourrait venir à bout de ce fatal article 3. Il économisa trois jours d'appointemens ; et, pour la première fois de sa vie, l'insouciant Bohémien, cet homme qui n'appartenait à aucune loi, accepta la société telle qu'elle était, et fit sa soumission au Code civil ; il se rendit chez un huissier, il fit sa plainte, il paya le papier timbré sans soupirer, tant l'article 3 le rendait malheureux !

Assignation, procès, plainte de Deburau contre le directeur ; les parties comparaissent devant le juge : on plaide de part et d'autre ; jamais plaidoirie plus éloquente, avocat plus

Plaidoirie.

chaleureux n'étaient intervenus dans une cause plus majeure. L'avocat de la direction s'appuyait sur l'article 3 : — M. Deburau, disait-il, doit se contenter, d'après son engagement, du luminaire et du chauffage tel quel? Or, messieurs, la cave en litige, ou, pour parler plus exactement, le rez-de-chaussée dont se plaint monsieur est muni d'un poêle en fonte et de deux quinquets à bec. La salle est aussi chaude, aussi commode et aussi éclairée que possible ; et nous sommes non-seulement dans les limites de l'article 3, mais encore bien loin de ces limites ; car au lieu de deux becs, vous avouerez, messieurs, que nous pourrions bien n'en allouer qu'un seul, et, au terme de l'article 3, l'artiste serait bien obligé de s'en contenter! »

Le Champignon.

Nous passons sous silence la plaidoirie de l'orateur adverse; nous ne nous souvenons que de sa péroraison, qui fit un effet immense, péroraison empruntée de bien loin à un grave personnage des temps antiques. Quand l'ennemi de Carthage, le vieux Caton, jeta dans le sénat romain des figues encore toutes fraîches, qu'il avait cueillies dans la ville de Didon, il ne fit pas une impression plus profonde que notre avocat, au moment où il jeta devant les juges un immense champignon qu'il avait cueilli dans la loge même de Deburau. C'était un champignon couleur terne et azurée, noir sur les bords, fortement odorant, et qui présentait tous les caractères du venin dont il était imbu. A la vue de ce monstrueux et odieux produit, plante infâme et bien digne du fumier le plus infect, les juges reculèrent d'horreur; l'assemblée resta muette et la bouche fermée; la douleur et l'effroi se peignirent sur tous les visages. Etudier son art à côté de ce poison végétal! s'affaiblir à mesure que ce champignon grandit; voir une tombe se creuser sous l'ombre que projette cet atroce légume! quel malheur!

Jamais, non jamais, en pleine cour d'assises, par un meurtre de six personnes, quand on étale devant les jurés attristés les linges sanglans, les instrumens homicides, les mèches de cheveux qu'on a ramassées çà et là, jamais, devant ce témoignage de la férocité humaine accumulé sur la sellette, on n'a ressenti autant d'effroi que nous en ressentîmes à l'aspect de cet horrible champignon.

Les juges se retirèrent; nous attendîmes l'arrêt fatal avec la confiance que les hommes ont dans le ciel. La délibération fut longue. A la fin, le tribunal reparut; on fit silence; l'arrêt fut prononcé.

Arrêt.

CHARLES, par la grâce de Dieu, roi de France et de Navarre, à tous ceux qui ces présentes verront, salut, etc., etc., etc.

« Ordonnons : Ladite loge sera dés-
» infectée sans retard, et tous les cham-
» pignons qui pourront s'y trouver et
» autres végétations seront extirpés
» dans le délai de vingt-quatre heures,
» aux frais de l'administration ; ren-
» voyons les parties, dépens compensés,
» sans autres dommages et intérêts. »

Vous pourrez trouver la date de cet arrêt mémorable dans la *Gazette des tribunaux*. Selon nous, il n'y a rien de comparable à cela depuis le fameux jugement de Salomon ; d'où je conclus qu'il faut conclure comme le docteur : l'article 3 est de droit rigoureux ; mais enfin il est de droit.

Continuation du Commentaire.

Passons maintenant à l'article 4, s'il vous plaît : article 4. Cet article nous présente une clause qui est encore d'une cruauté bien inconcevable. *Je consens* (c'est toujours Deburau qui parle ; voyez à quoi on le fait consentir, ce malheureux, pour 35 fr. par semaine !), je consens à me trouver au théâtre chaque jour de représentation, *dans le cas même où je ne jouerais pas*, — QUID JURIS? Si sa femme accouchait, s'il se battait en duel à coups de poing, s'il avait un enfant à baptiser, s'il célébrait le jour de sa naissance ou celui de sa fête, si son vieux père l'appelait à son lit de mort, le pauvre diable serait-il, en effet, obligé d'aller à son théâtre *le jour même où il ne jouerait pas?* Le docteur en droit, qui est rigoureux, dit que non, mais que cependant il ne faudrait pas trop multiplier les cas d'absence, ajoutant l'axiôme bien connu : *Non sunt entia sine necessitate multiplicanda.* L'article 5 est un modèle d'iniquité. Le code exceptionnel du bagne de Toulon est d'une douceur paternelle, comparé à cet article de l'engagement.

En cas de maladie, le directeur ne paie pas l'artiste; c'est-à-dire le jour où l'artiste aura le plus besoin de ses 35 francs par semaine, on ne lui donnera pas de quoi se faire porter à l'hôpital!

Remarquons en passant que l'art. 5 est plus dur que l'article équivalent des engagemens dans les autres théâtres, les autres théâtres ne payant pas l'artiste quand il est malade *par inconduite*. Ainsi, si la jeune première est en couches sans présenter son contrat de mariage, ses appointemens sont suspendus; dans l'espèce, Pierrot gagnerait une fluxion de poitrine dans la cave, une fluxion de poitrine pour avoir joué six fois par jour, qu'il serait à la merci de son directeur; le docteur en droit dit que cela est de droit; il n'y a pas de galérien qui voudrait signer un pareil engagement.

L'art. 6 sent tant soit peu le jésuite; c'est encore le directeur qui se déclare le maître de ne pas payer, en cas d'incendie, à moins, dit-il, *qu'il ne soit dans l'intention de payer;* ce qui est une clause d'une fausse bonhomie, tout-à-fait indigne d'un contrat dont le sentiment est totalement exclu.

L'art. 7 présente une question très-importante. L'acteur est tenu de se fournir de rouge et gants; qu'arriverait-il si Deburau, qui ne met pas de rouge, voulait se faire payer par la direction la farine de son visage? La farine peut-elle passer pour du rouge devant la loi? L'administration peut-elle dire que la farine compense le fard? Toutes questions que notre docteur aurait résolu mieux que nous, s'il n'eût pas reculé devant cette tâche imposante.

Telle est la série de questions que soulève la première lecture de l'engagement. Nous nous sommes arrêtés quelque peu sur cette étrange pièce, pour faire bien comprendre à nos lecteurs, qui ne s'en doutaient pas, ce que c'est au fait qu'un engagement dramatique, combien c'est une chose déplorable que l'existence, même des plus grands comédiens, quand on la voit de près.

Avantages.

Malgré toutes ces critiques de détail, nous devons cependant reconnaître tout ce que M. le directeur des Funambules a mis de bienveillance dans son engagement avec Deburau. Cet engagement de 35 francs par semaine est une chose inouïe au théâtre des Funambules ! Ajoutez à l'agrément de toucher pareille somme cet autre agrément d'être dispensé de corvées moins artistes ; par exemple, allumer les lampions du lustre, balayer la salle à son tour, faire les contremarques, raccommoder sa chaussure et autres menues fonctions dont notre acteur a été dispensé, par privilége spécial. Il est bien vrai qu'outre son emploi de Pierrot, Deburau est encore chargé de la conservation des armes et accessoires du théâtre ; mais cette fonction n'a rien que d'honorable. Veiller sur les sabres, sur les pistolets et sur les piques, entretenir tout le service de cette vaste administration, entrer dans les plus minutieux détails de ces pièces à féeries, où sont employées toutes les ressources des quatre élémens : c'est là un rôle noble et beau, même après celui de Pierrot ! Deburau a cumulé les deux emplois. Un article additionnel a été ajouté tout exprès à son engagement. Voici cet article additionnel, qui fait honneur à la justice et au bon sens du directeur, M. Bertrand.

ARTICLE ADDITIONNEL.

« M. Deburau se charge de plus de l'entretien des armes et du service des accessoires, généralement quelconques des pièces, c'est-à-dire de les garder, les distribuer chaque soir, les renfermer ensuite, et enfin de fournir tous ceux nécessaires aux différentes pièces, anciennes ou nouvelles, et dont la valeur sera supportée, moitié par M. Deburau, et l'autre moitié par M. Bertrand.

» Il sera dressé, en double expédition, un inventaire de tous les accessoires dont la garde sera confiée à M. Deburau. Ces accessoires, ainsi que tous ceux qui seront faits par la suite, seront inscrits à mesure sur ledit inventaire, et reconnus par M. Deburau, qui s'obligera à les rendre en bon état de service à la fin du présent engagement.

» En considération du présent article

additionnel, M. Bertrand s'engage à payer à M. Deburau *dix francs* par semaine, en outre de ses appointemens, ce qui est accepté par lui.

» Paris, le 10 décembre 1826.

BERTRAND.
DEBURAU. »

Vous avez sans doute remarqué dans l'engagement ce mot sinistre : — Me soumettre au tarif des amendes *que je connais*. J'ai été comme vous. *Ce tarif* des amendes m'a fort inquiété comme il vous inquiète vous-même. Je trouvais Deburau *bien heureux* de le connaître ; j'aurais donné bien des choses pour dire comme Deburau : *ce tarif que je connais !* Que de peines nous nous sommes données pour l'avoir ! A la fin, heureux que nous sommes, nous l'avons découvert, ce tarif; nous le connaissons enfin ce tarif dramatique ! Il est là ce *tarif*, indispensable complément de l'engagement ; le voici ; nous vous le livrons tel quel, vous laissant à réfléchir profondément par quelle suite de progrès a passé l'art dramatique ; les directeurs en sont arrivés à calculer mathématiquement l'ivresse de leurs acteurs de 1 *franc* à 6 *francs*. Quelle profondeur de génie !

Tarif des Amendes.

Le tarif des amendes est établi ainsi qu'il suit :

		fr.	c.
1°	Pour un quart d'heure de retard aux répétitions simples	1	50
2°	Pour une demi-heure de retard aux mêmes répétitions.	1	
3°	Pour un acte entier. . .	2	
4°	Pour deux actes	4	50
5°	Pour la répétition entière.	6	

L'amende *sera double* pour les répétitions générales.

6° Pour une entrée manquée à la représentation. . . 1

7° Pour un acte. 3

8° Pour deux actes 6

9° Pour la pièce entière . . 12

10° Pour troubler la répétition ou la représentation de 75 c. à 2

11° Pour se présenter au théâtre dans un état d'ivresse, de . . . . 1 à 6

12° Pour se battre ou se disputer dans l'intérieur du théâtre, de . . . . 1 à 12

13° Pour se faire remplacer

dans ses rôles sans permission 6

Et si à cet engagement, à ce *tarif*, à toutes ces minutieuses recherches *du despotisme* directorial, vous ajoutez les ordonnances extraordinaires, les réglemens de chaque jour, les amendes improvisées, vous aurez une idée à peu près complète de tout ce qu'un acteur doit souffrir dans l'exercice difficile de sa profession. Voyez-vous, la loi du théâtre est une loi de fer, inexorable, incivile, implacable, gênante sur toutes les coutures, une loi à faire peur. On parle de liberté, on en parle beaucoup, et beaucoup trop peut-être :

la liberté est pour tout le monde aujourd'hui, excepté pour le comédien. Le jour même où il entre dans son théâtre il se place sous une loi exceptionnelle; il entre en même temps sous un joug odieux et dans des pantalons malsains. La pièce suivante, que nous nous sommes procurée à grandes peines, comme nous nous sommes procuré le tarif, est un témoignage irrécusable de ce despotisme inouï qu'on ne soupçonne pas au théâtre; nous la livrons aussi telle quelle aux lecteurs :

Réglement sur le blanchissage.

Il est expressément défendu à Mme Guerpon, sous peine de vingt francs d'amende, de faire aucun chan-

gement aux costumes des dames ou de faire blanchir leurs robes sans autorisation. — L'administration sait ce qu'elle doit faire pour l'honneur du théâtre, et il n'appartient à personne de lui imposer des lois. Il est même défendu à Mme Guerpon de donner des pantalons aux acteurs qui manqueraient de bas. En un mot, elle ne doit disposer de rien de ce qui est confié à sa garde, sans un ordre formel de l'administration.

Paris, le 21 mai 1827.

COT D'ORDAN.

II.

DU DRAME AUX FUNAMBULES.
LE BOEUF ENRAGÉ.
MA MÈRE L'OIE.

Du Drame aux Funambules.

Maintenant disons quelques mots du drame tel que les progrès de l'art et la liberté du théâtre l'ont établi aux Funambules. Ce drame, tel qu'il est, est un composé bizarre, moitié tragédie, moitié comédie, mi-parti ballet et féerie, drame à la fois parlé, chanté, mimé, dansé et déclamé, et qui n'a pu s'établir qu'avec beaucoup de soins, de constance et de génie. Toutes les dissertations que nous pourrions faire à ce sujet ne vaudront pas un exemple bien net et bien vivant de ce drame. Nous donnons donc au public le programme d'une pièce de théâtre, prise au hasard entre mille, et que nous choisissons non pas parce qu'elle a plus de mérite que les autres, mais parce qu'elle est coupée sur le patron de toutes les autres. C'est un drame vif, actif, animé, plein de passions et de péripéties de tous genres, dans lequel Pierrot joue toujours le même rôle, le rôle du battu qui bat quelquefois, le rôle du trompeur qui est trompé souvent, le rôle du méchant qui est puni. Au premier abord, nous avions bien pensé à donner le *Bœuf enragé*, pantomime célèbre ; mais l'illustre auteur du *Bœuf enragé*, qui tient un des premiers rangs dans la littérature de l'époque, homme d'esprit, de cœur et d'un charmant style, n'ayant jamais accepté franchement la paternité de ce charmant ouvrage, que l'opinion publique lui attribue, nous avons renoncé au *Bœuf enragé*, n'ayant pas le droit de dire qu'il en est l'auteur,

Le Bœuf enragé.

nous nous sommes contentés d'indiquer à M. Bouquet une de ses scènes les plus intéressantes :

scène de gueule et de gourmandise comme Deburau les aime, après quoi nous sommes tombés sur la non moins célèbre pantomime qui a pour titre :

N° 169.

MA MÈRE L'OIE,

OU

ARLEQUIN ET L'ŒUF D'OR,

Ma Mère l'Oie.

PANTOMIME – ARLEQUINADE – FÉERIE A GRAND SPECTACLE, DANS LE GENRE ANGLAIS, AVEC CHANGEMENS A VUE, TRAVESTISSEMENS, MÉTAMORPHOSES, ETC., PRÉCÉDÉE D'

Un Prologue,

Scènes pantomimes à spectacle, mêlées de paroles en vers et en prose.

PAR MM. LAMBERT ET EUGÈNE ***.

Représenté pour la 1re fois le 31 mars 1830.

On lit au *folio-verso* :

Autorisé *Ma mère l'Oie*, pantomime-arlequinade, à la charge de se conformer aux conditions de la permission, et de ne dire et de ne jouer que ce qui est indiqué sur ce manuscrit.

Paris, ce 6 janvier 1829.

L'inspecteur des théâtres.

PERSONNAGES.	ACTEURS.
Le bailli.	RENÉ et ensuite PLACIDE.
Desaubaine.	CHARLES.
Pierrot.	DEBURAU.
Colin.	LAURENT a.
Ma mère l'Oie.	DÉSIRÉE.
Colinette.	MARIANNE.
L'enfant qui fait l'oie.	TOINETTE
Deux gardes champêtres aux ordres du bailli.	Nos 9 et 10.
Quatre piqueurs de la suite de Desaubaine.	Nos 5, 6, 7 et 8.
Un diable, Quatre démons, } personnages dansans.	CHAIZA, LOUIS, VICTOR, VICLAIN, JULES.
Villageois et villageoises.	FIGURANS et FIGURANTES.

SCÈNE Ire.

(Le théâtre change et représente un hameau. Au fond est une meule de foin ; et sur un des côtés, à l'entrée des coulisses, est une charrette.)

1. — Des moissonneurs sont à se divertir en attendant le moment de se remettre à l'ouvrage. Arlequin et Colombine viennent se mêler parmi eux. Ils en reçoivent le meilleur accueil ; ils se cachent en entendant la voix des poursuivans.

2. — Arlequin et Colombine, craignant de tomber au pouvoir de leurs ennemis, demandent protection aux moissonneurs. Ceux-ci les invitent à prendre des habits de villageois. Arlequin et Colombine se déguisent et se mêlent parmi les danseurs.

3. — Entrée de Cassandre, du comique et de Pierrot. Ils s'informent si l'on a vu Arlequin et Colombine. Les moissonneurs se moquent d'eux. Pierrot veut faire le méchant; on le chasse, ainsi que ses maîtres, à coups de fourches.

4. — Retour des poursuivans, qui viennent de nouveau pour chercher les fugitifs. On les entoure, et on les force à danser.

5. — Cassandre fait sa cour à Colombine, qu'il ne reconnaît pas; il se met à ses genoux. Pierrot le jette de côté, et se met à sa place. Arlequin le fait relever, et lui lance un soufflet; mais Pierrot baisse la tête, de manière que Cassandre reçoit le soufflet.

6. — On se moque de lui. Pierrot prend un *tambourin*, et fait danser les moissonneurs.

Ballet. — Danse comique d'Arlequin, déguisé en meunier.

7. — A la fin de la danse, Pierrot aperçoit le pantalon d'Arlequin; il appelle son maître, et lui montre les deux amans, qui aussitôt jettent leurs déguisemens. — Mêlée générale. — Pierrot ajuste Arlequin avec son tambourin; mais il attrape Cassandre, qui passe à travers le tambourin. Dans cette position, il ne peut plus remuer; Pierrot en profite pour le renverser et le faire rouler. Pendant ce temps, Arlequin et Colombine ont été se réfugier derrière la meule de foin.

8. — Les poursuivans courent sur leurs traces. Alors Arlequin agite sa batte.

Le terrain se change en bande d'eau, et la meule de foin en gondole, que l'on voit s'agiter sur l'onde, et emmener les deux amans.

9. — Cassandre, le comique et Pierrot, montent sur la charrette des moissonneurs. Arlequin, toujours sur la gondole, agite sa batte.

La charrette se change en cage de fer, et renferme les poursuivans. On lit sur le haut de la cage : ANIMAUX VIVANS.

Tableau et changement.

SCÈNE II.

CINQUIÈME DÉCOR.—(Le Théâtre représente une campagne avec un bosquet sur un des côtés.) *Scène sur le devant.*

10. — Arlequin et Colombine entrent en scène. Colombine exprime le besoin qu'elle éprouve de se rafraîchir. Arlequin, pour la satisfaire, touche le bosquet de sa batte.

Une table chargée d'une collation, et deux chaises sortent du bosquet.

Les deux amans se mettent à table. Bientôt la voix de Pierrot se fait entendre. Arlequin et sa maîtresse vont se cacher derrière le bosquet. Les poursuivans entrent en scène, et aperçoivent la collation; ils trouvent juste d'en prendre leur part; ils vont pour s'asseoir. *Les chaises rentrent dans le bosquet.* Ils tombent le derrière par terre; ils accusent Pierrot de leur avoir joué ce tour, et veulent le battre. Celui-ci évite le coup, et veut attraper un pâté qui se trouve au milieu de la table. *La table rentre dans le bosquet.* Colombine et Arlequin se montrent. On s'empare de la première, et Cassandre et le comique l'emmènent. Pendant ce temps, Pierrot s'approche d'un chasseur qui vient à passer, lui prend son fusil, et veut tuer Arlequin; mais au lieu de celui-ci, il attrape Cassandre, qui tombe mort.

11. — Jeux de scène entre Pierrot et Cassandre, qui est censé mort. — A la fin, Pierrot, ne sachant plus comment se dé-

barrasser de son maître, se décide à appeler le comique.

12. — Celui-ci arrive d'un air déterminé. Il est armé d'une *paire de pincettes* et d'une *tarière*. Pierrot, après avoir montré sa victime, prend les pincettes, dans l'intention d'extraire la balle du corps de Cassandre. Ne pouvant y parvenir, il prend la tarière, fait un trou dans le corps, et y introduit les pincettes, au moyen desquelles il retire un *boulet rouge*. Pendant que le comique et Pierrot examinent cette chose extraordinaire, Arlequin vient doucement par derrière, et agite sa batte.

13. — Aussitôt *le boulet rouge fait explosion*. Aussitôt Cassandre se relève, et demande ce que signifie ce bruit. Pierrot

et le comique sont fort étonnés, et n'en peuvent croire leurs yeux. Arlequin et Colombine se montrent dans le fond.

SCÈNE III.

SIXIÈME DÉCOR. — (Le théâtre change et représente une campagne. Une chaumière est au milieu du théâtre.)

14. — Arlequin et Colombine entrent en scène, et vont frapper à la porte de la chaumière pour y demander l'hospitalité, ce qui leur est accordé. Pierrot, qui a suivi et observé les amans, va frapper à la porte. On lui refuse l'entrée de la maison. Il se dispose à frapper de nouveau. *Dans ce moment la chaumière grandit à vue d'œil, de manière que Pierrot*

ne peut plus arriver au marteau. La porte s'ouvre ; une très-grande femme, vêtue comme la première, lui demande ce qu'il veut. Pierrot recule fort étonné ; cependant il s'informe si l'on a vu Arlequin et Colombine. La grande femme répond que non, et rentre. Pierrot se retourne, en exprimant la plus grande surprise. *La maison reprend sa première forme.* A cette vue, nouvelle surprise de Pierrot, qui va frapper de nouveau. *La maison diminue, et devient toute petite.* Pierrot va frapper. Une très-petite femme se présente à la porte. Elle est mise comme les deux autres ; elle envoie promener Pierrot, qui lui fait des questions. Elle rentre en gesticulant ; Pierrot passe la main par une fenêtre de l'un des étages supérieurs; il en sort des *meubles*, entre autres une *flûte* et un *papier de musique*. Il joue comiquement un air avec l'orchestre.

15. — Tout à coup son instrument se *change en gril*, et le papier de musique *en côtelette de mouton. La maison a repris sa première forme.*

16. — Arlequin et Colombine en sortent, et se sauvent. Pierrot, les apercevant, appelle ses maîtres. Ils se mettent tous à la poursuite des fugitifs.

SCÈNE IV.

Septième décor. — (Le théâtre change et représente une rue. Sur le côté jardin est une maison avec cette inscription. *Maison garnie. Ici on loge à la nuit.*)

17. — Arlequin et Colombine entrent en scène; ils frappent à la porte de la maison garnie; ils demandent à souper et à coucher. On les fait entrer.

Pierrot arrive, et va faire la même demande. On le refuse, attendu qu'il n'a pas d'argent. Cassandre et le comique viennent à leur tour, et sont reçus dans l'hôtel, dont ils refusent l'entrée à Pierrot. Scène comique entre celui-ci et Cassandre, qui passe sa tête par le guichet qui existe au milieu de la porte. Pierrot, très en colère des vexations qu'il éprouve, coupe la tête à Cassandre, et finit par la lui remettre. Il entre ensuite dans l'hôtel.

SCÈNE V.

HUITIÈME DÉCOR. — Le théâtre change et représente l'intérieur de la cuisine de l'hôtel. Dans le fond est la cheminée avec un chaudron sur le feu. Au-dessus de la cheminée est placée une carte géographique. A gauche contre le mur une boîte à sel ; à droite un moulin à café.

18. — L'Aubergiste prépare une table pour Arlequin et Colombine, qui viennent y prendre place dès que le souper est servi. Ils sont bientôt dérangés par l'arrivée de Cassandre, du comique et de Pierrot. Les

deux premiers s'empressent de prendre la place des amans. Arlequin les touche de sa batte : *leurs jambes tombent*, et ne peuvent plus bouger. Arlequin emmène Colombine, puis il fait la paix avec Cassandre et Pierrot. Alors *il fait revenir leurs jambes*. Ils en font usage pour s'élancer sur Arlequin, qui cherche à s'échapper. Les poursuivans lui barrent le passage. N'ayant plus d'autre ressource, il saute à travers la *carte de géographie*, placée au-dessus de la cheminée. Elle se trouve aussitôt remplacée par un *tableau sur lequel on lit :* ADIEU.

19. — Surprise des poursuivans, qui augmente lorsqu'ils aperçoivent la *tête d'Arlequin*, *qui paraît dehors la boîte*

à sel. Pierrot veut lui porter un coup de bâton ; mais c'est le comique qui le reçoit sur la tête. Celle d'Arlequin a disparu, et reparaît aussitôt en dehors du *moulin à café*.

20. — Pierrot s'approche doucement, s'empare de la manivelle, et se met à moudre. A mesure qu'il tourne, on voit sortir du moulin un *grand Arlequin qui s'élève* jusqu'aux frises, et qui rentre dans le moulin subitement dès que Pierrot abandonne la manivelle.

21. — Les poursuivans ne savent plus que penser, lorsque Arlequin paraît dans la *marmite* qui est sur le feu. Il ne montre que sa tête. Pierrot fait signe à ses maîtres de ne pas bouger. Il va s'armer d'un sa-

bre, et s'y prend si adroitement qu'il coupe la *tête d'Arlequin*. Elle roule sur le plancher. Grande inquiétude des poursuivans, qui ne savent où cacher la tête d'Arlequin. Pierrot le tire d'embarras en allant la mettre sur un *plat* placé sur la table, et la couvre avec une *cloche*. Il se dispose ensuite à sortir avec ses maîtres; mais en passant près de la table, ils s'aperçoivent que la cloche remue; ils la soulèvent : la tête se met en mouvement; la langue sort de la bouche. Pierrot veut la saisir; il est mordu jusqu'au sang. On replace vite la cloche sur le plat; mais la curiosité les portant à la soulever de nouveau, ils prennent la tête, l'examinent de tous côtés, et la replacent sur le plat, qu'ils recouvrent de la cloche. Celle-ci se lève encore, et on aperçoit la véritable tête d'Arlequin. Celui-ci s'élève peu à peu, et finit par sauter à bas de la table. Il se dispose à fuir. On le poursuit.

22. — Pierrot s'arme de nouveau de son sabre. Il l'attend à la porte, et va pour lui porter un coup dans le ventre; mais Arlequin, qui s'est échappé, se trouve remplacé par l'Aubergiste, qui reçoit le coup.

23. — Les poursuivans effrayés se sauvent en se bousculant.

SCÈNE VI.

NEUVIÈME DÉCOR. — (Le théâtre change et représente une rue.)

24. — Les poursuivans ne savent où se réfugier. La mort de l'Aubergiste leur fait craindre d'être arrêtés : ils s'accusent les uns les autres. Cassandre offre de l'argent à Pierrot pour prendre sur lui toute la responsabilité. Il refuse ; on se dispute de nouveau.

25. — On entend battre le tambour. Le Comique et Cassandre se sauvent d'un côté. Pierrot va pour fuir de l'autre, lorsqu'une troupe de soldats entre en scène, et l'arrête comme assassin de l'Auber-

giste. Il jure qu'il est innocent de ce crime. On tire *un long signalement* avec lequel on le confronte. *Scène comique.*

Il est reconnu pour le meurtrier, et comme tel on l'arrête. Il demande sa grâce, et finit par l'obtenir, à condition qu'il s'enrôlera dans la troupe; il y consent, mais il veut être tambour. On lui met sur la tête *un énorme bonnet de grenadier*. On va chercher *une grosse caisse* que l'on met à son côté. Lorsqu'il est prêt, l'officier fait ce commandement : *En avant, marche !*

26. — Pierrot bat la retraite, et les soldats marchent en arrière. Arlequin se montre et agite sa batte à chaque commandement.

27. — L'officier se fâche et commande : *Pas accéléré, en avant, marche!* L'orchestre joue l'air du *Bastringue*, que Pierrot accompagne sur sa caisse; les soldats sortent en dansant.

28. — Pierrot, seul, pose sa caisse par terre, et se met à rire de cette aventure. Arlequin vient doucement toucher la caisse avec sa batte. *Elle s'ouvre aussitôt*, et il en sort *un petit grenadier*, *armé de pied en cap*. Pierrot, après sa première surprise, lui commande l'exercice en douze temps. Au moment où le petit grenadier couche en joue, Pierrot a peur; il le couvre tout entier avec son bonnet de grenadier. Après plusieurs lazzis, Pierrot va pour lever le bonnet; il l'enlève peu à

peu, et reste fort étonné lorsqu'il s'aperçoit que le petit soldat a disparu.

29. — Arlequin se montre. Lazzis entre ces deux personnages et fuite de Pierrot qui appelle ses maîtres.

SCÈNE VII.

DIXIÈME DÉCOR. — (Le théâtre change et représente un jardin. Au fond et de chaque côté sont deux bosquets. Entre les deux est un petit mur sur lequel est figurée une serre chaude vitrée.)

30. — Le Jardinier et sa femme viennent au travail. Ils sont interrompus par l'arrivée d'Arlequin et de Colombine qui leur demandent à se revêtir de leurs habits. Ce changement a lieu en scène.

30. — Pierrot arrive avec ses maîtres, et s'informe si l'on a vu Arlequin et Colombine. Arlequin, déguisé, répond que non. Pierrot veut embrasser la Jardinière. Arlequin le poursuit *à coups de rateau.* Pierrot, pour s'échapper, grimpe sur la serre chaude, mais le pied lui manque et il tombe à travers les vitraux et disparaît dans la serre. On entend le bruit des vitres cassées.

31. — Tout le monde s'empresse de le retirer, ce qui a lieu après bien des efforts. On l'amène sur le devant du théâtre; *il est tout couvert de morceaux de verre qui traversent ses vêtemens et son corps.* Scène comique entre Pierrot et ceux qui veulent retirer les morceaux de verre. On prend le parti de l'emmener.

32. — Arlequin et Colombine jettent leurs déguisemens. Arlequin agite sa batte.

SCÈNE VIII.

Onzième decor. — (Les bosquets changent à vue et représentent deux boutiques de foire. La serre chaude change également et représente une baraque où l'on fait voir des animaux vivans.)

1. — Une foule de curieux entrent en scène, et forment différens groupes. Arlequin et Colombine déguisés en marchands entrent dans les boutiques. Pierrot arrive en courant; il heurte en passant un Italien qui vend des figures de plâtre, et le fait tomber avec sa planche qu'il porte sur la tête.

2. — Le marchand se relève et se bat avec Pierrot. Cassandre et le comique veulent les séparer. Pierrot casse sur la tête de Cassandre une figure de plâtre qu'il a ramassée, et avec laquelle il voulait assommer son adversaire. Le comique met fin à cette scène en payant le dégât.

3. — Pierrot passe entre les jambes du marchand et lui vole la *bourse* qu'il vient de recevoir. Avec cet argent il va acheter *deux petits coqs* à la boutique de Colombine. Il s'élève une dispute pour le paiement. Arlequin intervient et force Pierrot à payer. Celui-ci, tout joyeux, annonce qu'il va faire battre ses coqs. Plusieurs personnes font des paris et la bataille commence.

4. — Un des coqs est vainqueur. Une dispute s'élève pour le paiement des paris.

5. — On entend la trompette et la grosse caisse.

Une grande parade a lieu à la porte de la baraque des animaux vivans. Tout le monde y entre à l'exception d'Arlequin et de Colombine, qui jettent leurs déguisemens.

6. — Sur un signe d'Arlequin, on voit sortir tous les spectateurs qui étaient entrés dans la baraque; ils sont poursuivis par les animaux, dont quelques-uns font des scènes comiques avec Cassandre et Pierrot.

Mêlée générale, confusion et changement.

SCÈNE IX.

DOUZIÈME DECOR.—(Le théâtre change et représente une forêt ; sur l'un des arbres des coulisses est une branche chargée de fruits. Cette branche doit s'abaisser à volonté, et il doit exister parmi le feuillage un nid d'oiseau au milieu duquel est l'œuf d'or du commencement de la pièce.)

7. — Ma Mère l'Oie entrant en scène sous le costume d'une pauvresse; elle exprime, après avoir regardé de tous côtés, que c'est ici l'endroit où elle va revoir Arlequin et Colombine.

(*Elle parle.*)

C'est dans cette forêt que bientôt vont se rendre
Colinette et Colin, mes deux chers protégés.

Une dernière épreuve ici doit les attendre ;
Qu'ils en soient triomphans ! nos destins sont changés.

8. — Orage. Elle fait une conjuration. Le tonnerre gronde, l'éclair brille. Ma Mère l'Oie se tient à l'écart.

Arlequin et Colombine arrivent en cherchant un abri contre l'orage.

Ma Mère l'Oie s'approche d'eux.

(*A part.*)

Les voici, je tremble et me flatte.

(*A Arlequin.*)

Mon bon monsieur qui portez cette batte,
Et vous, ma belle dame, ayez, ayez pitié
D'une pauvre indigente.
Me plaindre, de mes maux c'est prendre la moitié.
Mes maux !... ils sont bien grands. Les soins de l'ami
Les calmeront. Hélas ! je n'ai nulle parente,
Nul ami sur la terre... Ayez, ayez pitié
D'nne pauvre indigente.

Arlequin attendri et avec empressement fouille à sa poche ; ma Mère l'Oie l'arrête et lui dit :

Ah ! l'or en ce moment n'est pas ce qui me tente.
Hélas ! la saveur enivrante
De ces fruits calmerait l'ardeur
De ma bouche brûlante ;
Mais ils sont à telle hauteur
Que pour en approcher en vain je me tourmente.

9.—Arlequin et Colombine s'empressent de courber la branche, et montrent le plus grand empressement à satisfaire celle qui implore leur secours. Ils trouvent l'œuf d'or. Ma Mère l'Oie quitte alors son déguisement et paraît sous les traits d'une fée.

(*Tableau.*)

Arlequin et Colombine redeviennent Colin et Colinette.

Bravo, bravo, Colin, et de ta bienfaisance,
En retrouvant cet œuf, reçois soudain le prix.
L'épreuve cesse et le bonheur commence.

10. — Musique. Elle tourne ses regards vers la cantonnade.

Tu vas donc obtenir ce que t'ai promis!...
Mais voici Desaubaine et Cassandre...

11. — Desaubaine et Cassandre entrent en scène; ils aperçoivent d'abord les deux amans, et veulent les séparer. Ma Mère l'Oie les arrête et leur dit :

Au trophée
De Colin ajoutez votre consentement,
Si la nature en vous ne fut pas étouffée :

Surtout sachez que maintenant
Il est riche à millions.

12. — Cassandre les unit.

Puissance de l'argent ! ..

(*A Colin.*)

Te voilà maintenant l'époux de Colinette,

(*A Colin.*)

Colin, compte sur ma faveur.
Que près de toi toujours habite le bonheur !
Je te l'ai déjà dit, et je te le répète :
Tourner vers l'indigent des regards attendris,
C'est des dieux immortels se faire des amis.

13. — Ma Mère l'Oie fait une dernière conjuration. Une musique céleste se fait entendre, le théâtre se garnit de nuages, etc.

14. — Final.

III.

RÉFLEXIONS SUR LE DRAME DES FUNAMBULES.
PARALLÈLE ENTRE PIERROT ET LE MISANTROPE.
EXPLICATIONS.
REGRETS.
LES ACCESSOIRES.

Réflexions sur le drame des Funambules.

Voilà tout ce drame. L'analyse en est aussi complète et aussi exacte que possible. Après avoir lu ce canevas dramatique avec l'attention qu'il mérite, vous pourrez juger par vous-même du drame qui se joue aux Funambules. C'est une complication de faits inouïs et d'accidens déplorables, comme on en voit en rêve ; véritable cauchemar, où la terre et le ciel, la raison et la féerie, la prose et les vers, sont compromis également. Pierrot, ainsi exposé à toute la malice d'Arlequin et de Colombine, savez-vous ce que c'est que Pierrot ? C'est le misantrope de Molière. Le misantrope de Molière s'indigne dans le grand monde, dont il combat les travers ; le Pierrot des Funambules s'indigne dans le peuple, dont il brave l'attaque brutale. Ici l'homme succombe sous la calomnie et sous les ridicules du salon; chez Deburau, l'homme est en butte aux soufflets et aux coups de pied. L'imitation est flagrante, et je pourrais pousser le parallèle plus loin; mais je m'abstiens. Le parallèle est une chose trop facile à faire pour que je veuille m'y arrêter long-temps.

Parallèle entre Pierrot et le Misantrope.

Je ferai seulement remarquer combien, dans ces deux grands personnages de la vie humaine, le Misantrope et Pierrot, les nuances sociales sont observées. Le Misantrope s'emporte, il est bourru, il est hautain, il est véridique, il est grand seigneur avec de jolies femmes et de grands seigneurs.

Pierrot, au contraire, qui est peuple avec le peuple, peuple avec Colombine, l'égrillarde fille du peuple ; Pierrot est patient outre mesure ; Pierrot est flaneur ; Pierrot se moque tout bas ; Pierrot a l'air de tout croire ; Pierrot fait la bête ; Pierrot est d'un sang-froid admirable ; Pierrot, c'est la création de Deburau. Il faut voir le comédien avec ses lèvres pincées, son attitude indécise, son sourire railleur, son air qu'il sait rendre si admirablement stupide ; il faut le voir exposé à la pluie, tenant tête à l'orage, s'engraissant dans les cuisines, battant, battu, assassinant, assassiné, ne s'étonnant de rien, pas même du boulet rouge qu'il retire de la blessure d'Arlequin. C'est admirable ! Jamais acteur n'a paru dans un drame plus compliqué avec plus d'énergie, de patience, de sang-froid et d'esprit.

Explications.

Sans doute, à la lecture de la *Mère l'Oie*, votre étonnement a été grand. Vous avez vu dans cet ouvrage une suite inouïe de changemens de tableaux et de décors que vous ne croyez possibles qu'à l'Opéra. Que pourriez-vous dire si vous entriez dans les détails de cette vaste administration ? Que diriez-vous si Mme Carpon elle-même, si prodigue de pantalons à ceux qui n'ont pas de bas dans leurs souliers, vous prenait par la main, et vous menait dans son magasin de costumes? Quel étonnement serait le vôtre à l'aspect de toutes ces robes étalées, écharpes de soie, habits brodés, habits de paillasses, magistrats, arlequins, bohémiens, grands seigneurs, escamoteurs, le dix-huitième siècle et le dix-septième siècle, l'or et les paillettes, le moyen âge et 93, l'armure du chevalier et la carmagnole du bonnet rouge, toute l'histoire de France et celle de Rome, et l'histoire de l'Allemagne et de l'Italie, l'histoire de toute l'Europe, représentée en costume chez Mme Carpon, pour un théâtre à quatre sous!

Comment voulez-vous, après cela, que le peuple de France ne soit pas le peuple le plus instruit de l'univers !

J'aurais bien voulu que Mme Carpon fût plus accessible ; je lui aurais arraché, non pas un pantalon : le moyen d'avoir un pantalon depuis la pancarte ! mais au moins j'en aurais obtenu la liste de ses costumes, tenue en partie double ; je vous aurais raconté toutes les barbes, vestes, culottes, uniformes, chapeaux, bas chinés, etc., etc., qu'elle tient en réserve. Mais Mme Carpon est inaccessible ; elle a si grand'peur de *faire la loi à l'administration !*

Regrets.

Les Accessoires.

En revanche, je vous donnerai la liste complète des *accessoires* du théâtre. On appelle *accessoires*, au théâtre, tous les meubles, ustensiles, etc., qui servent à la représentation d'un ouvrage. Les meubles ne sont pas des accessoires. Dans les premiers temps du théâtre, l'accessoire était une chose à peu près inconnue : il n'y avait pas d'accessoire proprement dit. Le drame moderne a fait de l'*accessoire* une condition indispensable. Il n'est pas de théâtre aujourd'hui qui n'ait un magasin d'accessoires, son gardien d'accessoires, son livre de compte d'accessoires. On ferait un livre sur ce sujet. Je me contenterai de vous donner la liste des accessoires du théâtre-Deburau.

LISTE GÉNÉRALE

DES ACCESSOIRES DU THÉATRE DES FUNAMBULES.

—

Une chaîne de montre en acier.

Une petite sonnette.

Une sphère.

Un pupitre; boîte à couleurs, avec tiroirs.

Une longue-vue en carton.

Une baguette de magicien.

Une bouilloire.

Un bidon en fer-blanc.

Verres à eau-de-vie.

Douze bâtons de cormier.

Une paire de girandoles à deux branches.

Une urne en carton bronzé.

Un vase à anse.

Une fourche en bois brut.

Un sceptre en bois doré.

Deux clarinettes.

Deux boucliers en carton.

Deux vases en bois peint.

Un plan monté sur deux rouleaux.

Onze volumes dépareillés, dont Œuvres complètes de M. Viennet, moins l'*Épître aux Muses*.

Serpens mécaniques.

Un carton de chapeau à trois cornes.

Une boîte en fer-blanc, avec couvercle détaché.

Un petit coffre en bois.

Huit branches de laurier fleuri.

Une coupe en bois doré.

Deux bourriches.

Malles de différentes grandeurs.

Un métier en bois peint et doré.

Une écritoire riche en cuivre doré.

Deux corbeilles de fruits en carton.

Une mèche de cheveux.

Un plat de pâtisserie en carton.

Une hure de sanglier en carton.

Une crême en carton.

Sept coupes en bois doré.

Deux masses d'huissiers, bois et carton dorés.

Deux bâtons de héraut, en velours et carton dorés.

Un livre relié en maroquin.

Un lustre en bois doré, à seize branches.

Un petit flacon.

Une lanterne en cuivre.

Une lanterne sourde.

Trente fusils en bois.

Douze hallebardes.

Une écharpe en soie verte, brodée en or.

Une écharpe tricolore.

Une écharpe blanche.

Un petit coffre de bois peint et doré.

Un eustache.
Une bonbonnière.
Un sablier.
Six gobelets de fer-blanc.
Une cruche.
Une paillasse.
Un pain en carton.
Un bissac.
Un paquet d'assignats.
Quinze squelettes.
Trois chiens aboyans.
Un chat noir.
Un paon.
Un coq.
Deux mortiers.
Quatre boulets de canon.
Deux canons.

Un faucon vivant.

Une diligence.

Quinze croix de la Légion-d'Honneur.

Dix croix de Saint-Louis.

Neuf crachats.

Trente-six épaulettes.

L'habit du maréchal Augereau.

Une pluie, composée de feuilles de paillon, renfermée dans une boîte.

Neuf bâtons dorés.

Quatre corbeilles de fleurs.

Une écharpe en soie noire.

Quatre couronnes à feuilles d'or.

Six palmes en laurier, carton peint.

Trois cassolettes en carton doré.

Six aigles de légions romaines.

Deux lyres en or, bois peint.
Deux grandes trompes en bois doré.
Deux grandes rames.
Six torches à esprit-de-vin.
Quatre torches à bougies.
Vingt-quatre cannes, bambous.
Une main de justice.
Un sceau royal.
Une clef en fer doré.
Des dés.
Un album.
Une épée à deux mains.
Une pipe.
Un carton de dessins.
Un coucou avec ses poids.
Un bilboquet.
Un jeu de loto.

Quatre ballots de toile..

Un globe royal.

Deux rasoirs, avec un cuir.

Une arbalêtre.

Une hache d'armes.

Deux écrans.

Un pistolet à piston.

Un bouquet de roses blanches.

Des lettres écrites et simulées.

Huit baguettes blanches.

Une lampe à l'esprit-de-vin.

Plusieurs dossiers.

Une paire de conserves.

Deux roues dentelées, avec un manche.

Des cartes de visites.

Des pinceaux.

Vingt journaux.

Une béquille.

Six cuillers.

Dix billets de banque.

Un polichinelle.

Douze glaces en coton, godets et soucoupes.

Douze serpettes sacrées.

Six lanternes de bois.

Une toque virginale.

Une poêle à marrons.

Un volume de *la Pucelle* relié en veau.

Deux coussins de velours.

Un stilet.

Une paire de gants jaunes.

Un grand sabre de bois.

Une broderie à main.

Un buste.

Un cercueil.

Des balances en fer.

Un éventaire.

Un poulet en carton.

Une paire de pistolets de poche.

Un tambourin.

Une pièce de drap.

Deux carafes en cristal.

Des éclairs dans une boîte à compartimens.

Une épée qui se casse.

Quatre cartons de bureau.

Une boîte de cloux.

Un masque noir.

Un gros marteau.

Un médaillon.

Deux fleurets.

Une corbeille de mariage.

Un compas.

Un paquet de parapluies.

Des plumes, canifs, règles et grattoirs.

Des cartouches et des gargousses.

Vingt cartes numérotées.

Une espingole.

Sept tasses de café, avec soucoupes.

Un grand plateau, avec sucrier.

Une paire d'éperons.

Une brochure.

Deux couverts brisés.

Un crucifix.

Un parchemin rouge et une plume de fer.

Un rameau d'argent.

Un trictrac.

Trois registres.

Huit arcs et huit carquois.

Une éponge.

Un faucon.

Une urne en fer-blanc.

Une paire de castagnettes.

Une grosse caisse pour le canon.

Une cloche.

Une guitare.

Deux cors de chasse en osier et toile dorée.

Deux triangles.

Un violon.

Un éclat de tonnerre, se composant de trente feuilles de tôle.

Un tambour à broder.

Un trousseau de clefs.

Bourses de différentes grandeurs.

Jetons en cuivre et en fer-blanc.

Une tabatière à double fond.

Quatre boîtes de dragées.

Bagues de différentes grandeurs, avec écrin.

Un cornet acoustique.

Un écrin en maroquin rouge.

Une paire de ciseaux.

Une tabatière en cuivre.

Un médaillon en argent, garni de pierres.

Trois chaînes de fer avec bracelets.

Une couronne garnie de pierres fausses.

Un sac de nuit.

Un cachet de montre en cuivre, avec pierre.

Un bandeau garni de pierres.

Deux petits barils.

Un pot au lait en osier, toile et papier argenté.

Une valise en peau.

Un petit panier d'écolier.

Une barcelonnette en osier.

Une cage avec un oiseau empaillé.

Deux gibecières en filet.

Un carton vert pour robe.

Un carton à chapeau.

Chaînes en corde.

Un rouet à filer.

Deux pots d'étain.

Gobelets en fer-blanc.

Six assiettes de terre.

Plusieurs chaînes en fer-blanc.

Une timballe argentée.

Six serviettes en toile écrue.

Une montre en cuivre.

Une sonnette d'appartement.

Une gourde.

Une couronne à pointes, ornée de pierres.

Une boîte de pharmacie avec flacons.

Trois bracelets en soie noire.

Une pendule en bois d'acajou, avec cadre.

Une paire de chandeliers en cuivre argenté.

Un petit bougeoir en cuivre argenté.

Seize étuis avec stores pour bougies.

Deux petites lanternes antiques en fer-blanc.

Huit verres à pates.

Deux carafons.

Une bouteille de marasquin.

Un plateau en carton.

Quatre cartons de bureau.

Deux plateaux en tôle peinte.

Trois coupes en carton doré.

Un plat de carton argenté.

Deux pâtés de carton.

Un buisson d'écrevisses.

Une assiette de biscuits.

Une assiette de pommes.

Une assiette de poires.

Une assiette d'oranges.

Une cassolette en carton doré.

Un trépied en bois et un carton doré.

Une cravache.

Deux tambours de basque.

Trois fouets de poste.

Un fouet de conducteur.

Une canne à pomme d'or.

Une canne de tambour-major.

Une queue de billard.

Une canne à pomme d'ivoire.

Une ombrelle verte.

Un parapluie avec étui.

Deux trophées d'armes en bois et carton doré.

Une hache en fer.

Dix seringues en bois argenté.

Une harpe en bois peint.

Des tablettes pour écrire.

Quatre portefeuilles de différentes grandeurs.

Un portefeuille de notaire.

Un encrier gothique avec sonnette argentée.

Une écritoire de poche.

Un étui de mathématiques.

Un baromètre.

Une canne d'exempt, à pomme d'ivoire.

Un grand éventail.

Une palette en faïence.

Un livre de la loi, doré.

Un vieux cor de chasse.

Un miroir à main.

Une petite malle d'osier, couverte de toile peinte.

Douze têtes de mort.

IV.

RÉFLEXIONS.
PRIX D'ENTRÉE.
DESTINÉE DE L'ART.
L'ART NOBLE.
INDUSTRIES.
APOTHÉOSE.

Douze têtes de mort! Vous pouvez suivre facilement, à la lecture de cette liste, les progrès, ou plutôt la décadence de l'art dramatique. Si cette liste Réflexions.

était faite dans l'ordre chronologique, elle commencerait par la coupe tragique pour finir par la tête de mort. La coupe et le poignard furent longtemps les seuls accessoires de l'art dramatique en France. Nous en sommes venus au squelette et à la tête de mort. Cela devait être en effet, à force de se servir du poison et du poignard?

Les lecteurs attentifs, après la lecture de cette pièce originale, pourront se faire une idée de toutes les peines que donne la moindre action scénique. Ce sont des détails sans fin, des frais énormes, sans compter les *billets de banque*, par-dessus le marché.

Et si vous ajoutez à cette masse de petits meubles qui s'entassent les uns sur les autres le détail des costumes qui embrassent les quatre parties du monde, et qui représentent deux mille ans; et si à ces détails de costumes vous ajoutez les décorations qui envahissent la scène chaque jour, qui se multiplient et se perfectionnent à l'infini, et si quand tout est fait, costumes, décors, accessoires, la pièce enfin, et la musique sur cette pièce, aux entrées et aux sorties, on vous dit que pour voir tout cela vous n'aurez à payer que

1 *franc* aux avant-scènes, si vous êtes riche; Prix d'entrée.

Et 4 sous au paradis, si vous êtes avare ou pauvre;

Et si on vous dit que, malgré ce bas prix et ce prix de luxe également à la portée de tous,

La foule se fait prier long-temps par un pauvre vieillard à la voix rauque et cassée, qui se promène à la porte du théâtre en criant :

Entrez, messieurs! entrez, mesdames!

Vous serez étonné, n'est-ce pas? et dans votre étonnement, vous demanderez où va l'art? quel est l'avenir de l'art? maigre question par le temps qui court!

L'art ne va plus nulle part, l'art ne marche plus, l'art est stationnaire, l'art s'est arrêté à la porte des Funambules, criant d'une voix cassée : *Entrez, messieurs!* L'art est fatigué et rauque ; il porte des lunettes et une queue. Après avoir passé à travers l'extrême luxe et l'extrême misère, il s'est reposé dans l'ignoble ; il est là à son aise, il vit, il respire, il s'anime, il ne se marie pas, ce qui nous fait espérer qu'il sera le dernier de sa race ; et ma foi ! il n'y a pas de quoi se désoler.

Destinée de l'Art.

Plusieurs théâtres, dans Paris, sont consacrés à l'art ignoble, et ces théâ-

L'Art noble.

tres-là ne sont pas les moins heureux. L'Odéon, cette belle salle du faubourg Saint-Germain, le *théâtre de l'Impératrice*, bâtie aux frais de la Chambre des pairs, par la permission de Bonaparte, l'Odéon a été ruiné trois fois par un *théâtre ignoble*, son voisin, le théâtre de Bobineau, lieu charmant, où l'étudiant en droit conduit sa maîtresse, où l'étudiant en médecine va chercher un cœur qui réponde aux battemens du sien. Parcourez Paris : partout vous rencontrerez le petit théâtre à côté du grand théâtre, qui pompe les sucs nourriciers de son voisin, et se nourrit de sa substance, comme fait l'insecte. Le Théâtre-Français, livide et hideux, étale son squelette transparent à côté de l'embonpoint du Vaudeville; les Folies-Dramatiques dévorent la *Gaieté*; l'*Ambigu* tire aux jambes de l'Opéra; Mme Saqui saute et danse à se casser les reins vingt fois par jour, pour tenir les Figures de cire en haleine. C'est une tuerie, une boucherie de théâtres. Le peuple de Paris, indifférent à cette émulation dramatique, passe flaneur qu'il est devant la porte, bouche béante et le nez en l'air. Le peuple de Paris est flaneur et farceur avant tout. Une troupe de comédiens l'appelle d'un air agaçant; le peuple, malin qu'il est, fait semblant de se laisser prendre au piége ; il avance, il sourit, il tire son argent de sa poche ; le buraliste frémit de joie, il tend la main. Bah ! voilà mon peuple qui achète une pomme cuite, un morceau de pain d'épices, une saucisse bouillante et autres friandises, et qui dévore le tout à la porte du théâtre désappointé. Soyez donc artiste après cela !

Le théâtre ignoble est donc le seul possible aujourd'hui. Ne me parlez pas des autres : ils sont morts. Les grands portiques dramatiques sont déserts ; l'herbe pousse dans les parterres tragiques ; la Psyché de Célimène est couverte de poussière ; la livrée de

Mondor est toute râpée; la toge même de Brutus implore en vain un blanchissage indispensable. Il n'y a pour vivre un peu que le théâtre ignoble ; et non-seulement il vit, le théâtre ignoble, mais encore que de gens il fait vivre, dans les murs, hors des murs ! Dans les murs, c'est un peuple de comédiens à la retraite, qui viennent au théâtre ignoble rêver encore à leurs beaux jours. Dès qu'un financier a le ventre trop gros, il se fait financier du théâtre ignoble. La jeune première perd ses dents et ses cheveux : elle est jeune première au théâtre ignoble. Tout ce qui est vieux, fêlé, édenté, malpropre et malsain au théâtre, est excellent pour le théâtre ignoble. Le théâtre ignoble est à l'art dramatique ce que le fiacre est au cheval de course. Le beau cheval anglais tire le phaéton à six chevaux ; il finit par conduire le fiacre à deux. Le théâtre ignoble, c'est la sentine où se rendent à bas prix toutes les impuretés de l'art ; c'est le Montfaucon des théâtres de province, la voirie des théâtres de Paris. Allez au théâtre ignoble si vous voulez avoir en résumé les vieilles reliques du vieux drame et de la vieille comédie. Quel livre on ferait avec ces mœurs, avec ce monde, avec ces amours-propres en paillettes, avec ces vices en linge sale, avec cet art nu et pelé, et qui a perdu jusqu'à son fard, qui ne tient plus !

Voilà pour le dedans du théâtre ignoble; quant au dehors, le théâtre ignoble ne fait pas vivre moins de pauvres diables que le dedans. Allez à l'heure de midi, les mains dans vos poches, à la porte de ces étroites cavernes dramatiques; voyez ces vieillards, Achilles d'autrefois, Paillasses aujourd'hui; ces Iphigénies du siècle passé, Colombines de notre temps, s'épanouissant au soleil comme fait l'huître. Autour de ce peuple d'artistes en guenilles accourent à l'envi les cuisiniers ambulans, les Charlet de car- Industries.

refour, les Beauvilliers de la borne, les Frères Provençaux de l'estaminet ; puis arrivent à la suite les vendeurs de contremarques, fumant leur pipe et balançant leur chaîne de montre ; les marchands de cannes, philosophes pratiques qui changent le cerisier en bois d'ébène ; les distillateurs de coco, tisane populaire à l'usage des maçons qui travaillent. Tout ce monde vit, pense, agit, calcule et mange pêle-mêle à la porte du théâtre ; puis à quatre heures, quand le repas est fini et la table levée, c'est-à-dire quand chacun s'est essuyé le pouce, les comédiens retournent à leurs coulisses, les marchands de contremarques vendent leurs billets d'auteur, le chef de claque assemble ses acolytes chez le marchand de vin, les vendeuses de bouquets, jolies décrépites de vingt-deux ans, la vue et le visage usés, présentent au passant leurs bouquets fanés de la veille. Cependant au dedans le lustre s'allume, les quinquets fument déjà, la clarinette fait semblant de s'accorder avec le violon, on entre dans les salles ignobles, on applaudit ou l'on siffle les auteurs ignobles, tout ce monde est occupé pendant quatre heures à jouer, à siffler, à rire, à pleurer, à crier de l'ignoble; à voir des assassinats, à recevoir des leçons de morale ou des coups de pied au derrière, et le préfet de police, grâce à l'ignoble, prend haleine un instant.

Apothéose.

Honneur à Deburau ! honneur au Roi du théâtre ignoble ! Malgré tant d'obstacles, il a été comédien chaste et comédien original. Dans ce monde usé, il a été un comédien tout neuf. Il a commencé par tirer le fiacre, il est vrai ; mais il l'a tiré comme un noble animal bien fait pour un destin meilleur. Honneur à lui ! Il a fait une vocation d'une contrainte, un art d'un métier, une joie d'un supplice. Il est né dans l'ignoble pendant que les autres y sont tombés. Il est fier du théâtre ignoble et le théâtre ignoble est fier de lui, parce qu'ils n'ont voulu ni s'ennoblir, ni s'avilir l'un l'autre et l'un par l'autre; parce qu'ils ont été ignobles naïvement et sans prétention! Honneur à lui! Aussi les gens de goût voyant ce pauvre diable, qui a trouvé le moyen d'être grand artiste sur un plancher si mal joint et de faire illusion à son parterre sur ces toiles si mal peintes, lui en ont su un gré infini. Deburau, en effet, a vaincu un préjugé qui paraissait immortel, il a réalisé une chimère, le grand comédien à bon marché! Il a prouvé que l'illusion dramatique n'appartenait spécialement à aucun théâtre; qu'elle était de tous les lieux, de tous les temps et de tous les visages. C'est un homme d'un esprit si intelligent et si vif, d'une physionomie si spirituelle et si mobile, qu'il pourrait jouer tout Regnard sans parler, si Deburau daignait jouer Regnard. Grands acteurs d'autrefois, illustres descendans de Dugazon ou de Dazincourt, gardez pour vous vos brillantes garde-robes, vos perruques si comiques, vos traditions notées comme une partition de musique; gardez votre brillant théâtre, vos décorations pompeuses, votre lustre étincelant, appuyez-vous hardiment sur Molière lui-même, le plus grand génie des temps antiques et des temps modernes, Deburau vous laisse tout cela; il ne faut à Deburau qu'une casaque de Paillasse, un peu de farine sur la figure, quatre chandelles pour son théâtre, deux violons faux, et, pour poète le premier décorateur venu qui lui donnera une forêt, un temple, une taverne, un enfer, un ciel, mêlant tout cela sans art, sans apprêt, comme dans le chaos. Laissez faire Deburau, il débrouillera à merveille ce chaos; il en fera un drame tout à lui, il en fera une comédie plus intéressante mille fois, plus animée, plus vive et plus vraie que tout le répertoire impérial du Théâtre-Français.

Que de fois loin, bien loin même de l'Opéra, ce fantastique spectacle où je conçois qu'on puisse s'amuser, loin des Bouffes, ce savant plaisir pour lequel il faut une science complète, une habitude long-temps méditée, suis-je entré dans la salle si enfumée, si petite, si étroite, si obscure et si joyeuse des Funambules ! Ce spectacle est un spectacle à part, où se rendent tous les artistes qui cherchent de l'art tout neuf, tous les poètes qui aiment la rêverie, tous les honnêtes gens du boulevard rassasiés de héros et de scélérats.

En effet, ce n'est qu'aux Funambules que vous trouverez ce plaisir sans remords, cet intérêt sans assassinat, cette amusante narration sans longueur, ce vaudeville sans couplets, que cherchent si vainement les sages de notre époque ; les Funambules, espèce d'Eldorado, auquel on arrive à dos de mouton, sans danger et sans fatigue. Seulement, il ne faut pas avoir honte quand on cherche le plaisir innocent d'aller à cheval sur un mouton!

V.

APOTHÉOSE.
DERNIÈRES INTERROGATIONS.
DERNIÈRES RÉPONSES.
SON MOBILIER.
SA FAMILLE.
HOMME DE SALON.
SUCCÈS DU MONDE.
TALENS D'AGRÉMENT.
SES GOUTS.
IL DÉTESTE LE ROSSIGNOL.

A présent laissons notre héros à lui-même. Il est arrivé à l'apogée de l'art; son succès est entier; sa popularité est entière; le monde sait son nom, et, Apothéose.

ce qui est plus difficile, il sait lui-même qu'il a un nom dans le monde, complément indispensable de la gloire humaine. Ma tâche est terminée; je ne vous parlerai plus de Deburau.

Dernières interrogations.

Quelques-uns, hommes qui veulent tout savoir, femmes sensibles qui ne peuvent supporter aucune incertitude dans la destinée de ceux qu'elles aiment, voudront peut-être apprendre où en est la vie réelle de cet homme étrange, de ce citoyen à part, de ce père de famille respectable; et s'il a des rentes sur l'état, s'il a une femme, et si sa femme lui a fait beaucoup de petits?

L'auteur sait trop ce qu'on doit à l'inflexible curiosité des hommes et à l'insatiable sentiment des femmes, pour ne pas ajouter un chapitre de plus à ce livre, malgré toute la longueur de ce travail, que personne ne peut nier, qu'il songe à nier moins que personne.

Vous saurez donc, messieurs et mesdames, tout ce que nous pourrons vous dire sur l'intimité de cette vie d'artiste, sans indiscrétion trop grande cependant et sans briser le mur qui enveloppe la vie d'un citoyen.

Dernières réponses.

Deburau paie des contributions depuis la révolution de juillet, et voilà pourquoi il aime la révolution de juillet, qui l'a élevé à ce degré d'importance. Deburau possède un mobilier honorable, six chaises, une commode, un lit à estrade, deux berceaux, une commode et un secrétaire, où sont enfermés ses cols de chemise, ses cravates et ses gants, quand il en met.

Son mobilier.

Sa famille.

Sa femme, dont on fait le portrait à l'heure où je parle, pour le salon prochain, sa femme est jolie, à l'œil vif, au teint coloré et basané en même temps; elle a donné à son mari quatre enfans, dont il serait difficile de dire précisément le sexe, mais tous joyeux, alertes, malins et jouant comme de petits chats. C'est une charmante couvée de Pierrots, de Colombines et d'Arlequins. Leur père ne mourra pas.

Deburau n'est pas encore de la garde nationale.

Il a été, il y a six mois, cet hiver, invité à la noce d'un avoué; il y est allé en habit noir, en bas de soie, il a dansé avec des femmes d'avoués, il a joué à l'écarté avec des agréés au tribunal de commerce. La noce était toute blanche et très-parée; les bougies étaient parfumées; il y avait une truite du lac de Genève; la musique venait de la maison Collinet; on a dansé et valsé jusqu'au jour. Chacun a été émerveillé de notre héros; on

Homme de salon.

n'avait de regards que pour lui, on n'avait de sourires que pour lui ; il n'y a eu de la truite que pour lui, attendu qu'il l'a prise par la queue, voyant que les convives l'oubliaient. Chacun se demandait, à l'aspect d'un si aimable cavalier : — Quel est ce monsieur? et d'où vient-il? Les plus savans répondaient : — Maître un tel ! ce monsieur est le Pierrot des Funambules ! Puis les dames braquaient leur lorgnon d'acier sur cet homme étrange pour mieux le voir.

Succès du monde.

Si bien que tous les accidens et toutes les faveurs de la fortune, tous les dédains et tous les amours de la société, la rue et le salon, la sultane et la cousine d'huissier, Deburau a réuni tout cela dans sa vie. O grand homme!

Dans le monde, il est posé, il parle peu, il fume beaucoup toutes sortes de tabac, qu'il renvoie par toute sortes d'orifices, il est poli et bien élevé, il attend pour s'asseoir que tout le monde ait un fauteuil; on le prendrait, à son air méditatif, pour un commis voyageur.

Talens d'agrément.

Outre son talent d'artiste, il a plusieurs talens de société : il sait faire une planche, démonter une serrure, jouer du galoubet, faire des armes, signer son nom, et clouer un tableau contre le mur.

A son théâtre il règne en maître ; c'est un tyran quelquefois capricieux, toujours despote. Il est connu pour ses niches à ses camarades, que ceux-ci reçoivent avec soumission et respect. Plus d'une fois il a dérangé le tonnerre, troué le tambour, égaré les écharpes, donné un croc-en-jambe à l'amoureuse, poché l'œil de l'amoureux, étouffé le chanteur avec de la galette chaude, abîmé les comparses de poudre sternutatoire; il a coupé plus d'une queue, volé plus d'une perruque, fait manquer plus d'une entrée. C'est un homme aussi disposé à lancer une épigramme qu'un coup de pied. Tout cela fait rire, au théâtre, ses joyeux camarades, dont il est adoré, tant c'est un homme de bon naturel.

Ses goûts.

Il aime la bière et les échaudés, le vin chaud, et la galette, et le thé, et le café, et le rhum, et tout ce qui se boit et se mange, excepté l'eau de mélisse et les crêtes de coqs. Voilà son goût.

Il déteste le rossignol.

Il a en horreur les champignons et les *Omnibus*. Quand il entend chanter un rossignol, il porte ses deux mains à ses oreilles, en s'écriant : *Veux-tu te taire, vilaine bête!* Chacun sa musique et son plaisir.

Il vient de faire un héritage.

En un mot, il porte un crêpe à son chapeau. J'ai dit.

VI.

SES PROTECTEURS.
LE CHEVAL.
BONAPARTE.
PICARD. — FONTAINE. — GÉRARD. — REDOUTÉ.
PENSION.
CHARLES NODIER.
CHARLET ET BÉRANGER.
MARS. — GEORGES. — MALIBRAN.
SON PORTRAIT.
ILLUSTRATIONS PROPOSÉES. — PARALLÈLES ENTRE GIBBON ET L'AUTEUR. — HERMIÈRES. — CONCLUSION.

Vous avez donc à présent cet homme illustre, non pas tel qu'il est en effet, qui peut savoir comment il est? mais tel que nous l'avons vu nous autres, nous qui l'avons cherché avec soin, avec ame, avec intelligence, avec cœur! Nous vous le livrons tel que nous avons pu le saisir, notre héros enfariné! Prenez-le, le voilà, il est à vous; nous sommes fatigués de le tenir. Notre mystère est enfin révélé au public: le voile du temple est déchiré. Vous êtes initiés à cette gloire grâce à nous; seulement, gardez bien cette gloire, que nous vous confions, ami lecteur; désormais si quelqu'un doit en répondre, c'est vous!

Notre tâche est donc finie; et si nous ajoutons quelques pages à ce récit, très-simplement c'est pur égoïsme, pure vanité; pardonnez-nous.

Nous voulons attacher quelque chose

de nous à ce monument; nous voulons graver nos initiales sur ce chêne robuste : il y a tant de gens qui ont écrit leurs noms propres, Jean, Paul, Jacques, Nicolas, au sommet de la pyramide d'Égypte ou du dôme du Panthéon, que nous autres nous pouvons bien attacher aussi notre nom à ce héros que nous avons fait un peu.

Les Protecteurs.

A ce sujet nos recherches ont été grandes : peut-être ne sont-elles pas complètes, du moins sont-elles exactes. Il manquerait quelque chose à notre histoire si nous passions sous silence le nom des protecteurs de Deburau.

Le cheval.

Le premier protecteur de Deburau, c'est le cheval de son père ; le premier vieux cheval qui l'a porté sur son dos, qui a reposé ses pieds fatigués et sanglans. Pauvre vieux cheval ! Le second protecteur de Deburau fut Bonaparte, qui était en même temps protecteur de la confédération du Rhin.

Bonaparte.

Puis, plus tard, quand il eut commencé à charmer quelques ames d'élite, il trouva, un beau soir, quatre protecteurs d'un grand nom, illustrations diverses qui un soir en ont fait à la fois une œuvre d'artiste et une bonne action. Voici le fait :

Picard.

Un jour, à quatre heures, Picard,

ce Molière de vingt-quatre heures, qui eut tant d'esprit pendant huit jours; Fontaine, qu'une révolution a fait architecte du roi, homme heureux, savant, qui a retouché les Tuileries après avoir retouché le Palais-Royal, et pour le même maître cette fois, chose étrange! Gérard, le grand peintre de Psyché, de Bélisaire et des quatre âges; le peintre de Corinne et de sainte Thérèse; Gérard, à qui la révolution de juillet a rendu le signalé service de briser le tableau du sacre; Redouté, qui sait faire les roses mieux que ne les faisait Dorat lui-même: oui, c'étaient bien eux tous les quatre, Picard, Fontaine, Gérard et Redouté. — Ils étaient les

Fontaine.

Gérard.

Redouté.

premiers en France à aimer, à comprendre, à applaudir Deburau.

Ce soir-là ils avaient loué une loge d'avant-scène, la plus belle de la salle. On traverse le parterre et le dessous du théâtre; on baisse la tête, on monte six marches; — c'est là!

Les quatre amis se firent ouvrir la loge. L'ouvreuse était si triste, qu'ils remarquèrent la tristesse de l'ouvreuse. —Qu'avez-vous donc, ma bonne, lui dit Picard?—L'ouvreuse répondit:— Hélas! monsieur, M. Deburau nous quitte dans huit jours! et une grosse larme roulait dans ses yeux.

—Hum! hum! dit M. Picard, cela n'est peut-être pas malheureux! Vous verrez qu'il aura reçu un ordre de début à la Comédie-Française. Je n'en suis pas fâché pour ma part ; tant pis pour le boulevard ! En même temps il tirait sa lorgnette, qu'il apprêtait avec autant de soin que s'il eût été à l'Opéra.

L'ouvreuse, en sanglottant, apprit aux quatre amis stupéfaits que Deburau quittait le théâtre par misère, et qu'il allait se faire serrurier.

Et elle pleurait à fendre le cœur.

Picard la regarda, puis il regarda Deburau, et il fut tout entier à son héros, à son acteur. — S'il avait eu une autre *Petite Ville* à faire jouer à ce gaillard-là !

S'il avait eu à animer ce visage, à faire pétiller ce regard, à faire sourire ce grand farceur! — C'est un homme qui a manqué à ma comédie, pensait Picard.

Les autres regardaient aussi bouche béante, mais ils étaient tristes; comme on est triste la veille du jour où l'on perd ce que l'on aime! Le spectacle leur profita mal.

La nuit eût été bien triste pour eux sans la résolution qui leur vint tout à coup de faire une pension à l'artiste, jusqu'à ce que le public fût moins ingrat.

Pension.

Et cette pension fut de 9 francs par mois pour chaque tête. Quatre fois neuf francs pendant six mois ont sauvé à la France son grand comédien. Quel honorable argent que celui-là, messieurs ! L'argent de Picard, de Fontaine, de Gérard et de Redouté ! Les amateurs de médailles recherchent avec soin les petits écus de ce temps-là. Les plus rares sont empreints de vert-de-gris ; ce sont les petits écus qui ont séjourné le plus long-temps dans la poche de Deburau.

Inscrivons avec honneur, sur notre colonne votive, les noms de Picard, de Fontaine, de Gérard et de Redouté !

Vint après eux, ou en même temps, le plus aimable écrivain de nos jours, homme d'un style aussi pur que son

Charles Nodier.

ame ; railleur—bon enfant, qui n'a pas son pareil dans le monde des railleurs ; malicieux censeur dont toutes les malices sont innocentes, Charles Nodier. Il a compris Deburau comme il a compris tant de choses qu'il a enseignées à la foule. Charles Nodier n'a jamais eu de sa vie qu'une loge louée à l'année, c'est au théâtre de Deburau.

En ce moment Charles Nodier, aidé de Cruickshank, s'occupe de l'histoire de Polichinelle, en 4 tomes in-4°. Puisse-t-il nous pardonner, à nous indignes, cette histoire si mesquine du grand acteur qu'il nous révéla un des premiers !

Nommerai-je toutes les gloires qui

sont venues rendre hommage à cette gloire? Il faudrait nommer tout le Paris littéraire, tout le Paris artiste, tout le Paris actif qui sent, qui applaudit, qui aime l'art partout où il se trouve.

Charlet et Béranger.

J'ai vu, aux Funambules, Charlet à côté de Béranger; Charlet qui ressemble autant à Béranger que Béranger ressemble à Charlet : tous les deux admiraient cette nature populaire dont ils sont si amoureux tous les deux.

J'ai vu Mlle Mars et Mlle Georges, et Mme Malibran, dans une loge, qui applaudissaient Deburau. La comédie, le drame, la passion, les trois grandes gloires des trois grandes scènes, qui se donnaient rendez-vous à ce petit théâtre si misérable et si infect ! C'était charmant à voir !

J'y ai vu rire un maréchal de France en petit costume, que je ne veux pas nommer, de peur de rendre les autres maréchaux jaloux.

La peinture et la sculpture ont rivalisé d'efforts pour célébrer cette gloire, reconnue par tous. Au dernier salon, parmi tant de barricades, de libertés, non loin du *Cromwell* de Delaroche et de la *Salle du bal* de Roqueplan, sous le feu italien des tableaux de Robert, la foule s'arrêtait étonnée au dernier point devant le portrait de Deburau. Elle a tant d'intelligence et d'esprit, la foule !

Ce portrait de Deburau était de M. Bouquet, à qui il a fait un nom.

Son portrait.

Ce même portrait a été exécuté sur porcelaine par une jeune artiste de beaucoup de talent, Mlle Arsène Trouvé, qui en a reproduit toutes les nuances et les trois sortes de blanc avec beaucoup de fidélité et de bonheur.

Enfin, après ces grands noms, si je puis placer le mien, moi aussi je serai trop heureux de m'attacher à cette gloire moderne, la seule gloire moderne qu'on ne conteste pas.

Illustrations proposées.

Je dois dire aussi, à l'annonce de cette histoire que voilà, toute la littérature s'est émue. Il n'est personne, vers ou prose, qui n'ait demandé à inscrire son nom dans ce temple de mémoire que nous élevions à notre artiste à si grands frais. —Les sonnets, les odes, les ballades, que sais-je? en latin, en espagnol, en italien, toutes les langues, me sont venus en foule : — Mettez ma ballade ! imprimez mon sonnet ! s'écriait-on de toutes parts. —On m'a même adressé une inscription en vers grecs, pleine de goût et d'esprit, et que je n'inscrirai pas ici ; probablement parce que Deburau lui-même ne la comprendrait pas. Il ne faut chagriner personne.

Mon dessein, à moi, était aussi d'inscrire en tous petits caractères mon nom obscur sur la table d'airain où sont inscrits tous ces grands noms ; mais à présent que je compare le héros et l'historien, l'importance des faits et la faiblesse de l'histoire, inscrire mon nom à côté de ces noms-là je n'ose plus et je me tais. Mieux vaut encore renoncer à la récompense de gloire que j'attendais pour mes travaux que de m'exposer au reproche de présomption.

Trop heureux si je mérite un regard, un sourire de mon héros !

Parallèle entre l'historien Gibbon et l'auteur.

On dit que Gibbon, l'historien du Bas-Empire, quand il eut fini son histoire, le plus beau monument historique qu'il ait été donné d'élever à un historien sceptique, se sentit prêt à défaillir, tant il avait de joie au cœur de voir sa tâche accomplie! Il regarda long-temps son œuvre gigantesque entassée là devant lui, impatiente de s'élancer dans le monde. Il contemplait son livre du regard et de l'ame, puis n'en pouvant plus, il descendit dans son jardin sous le ciel étoilé, se promenant de long en large et prêtant l'oreille, comme s'il eût entendu marcher derrière lui toutes ces armées de Barbares et de vieux Romains dont son histoire est pleine, toute cette décadence efféminée, tout cet avenir de fer. Si la nuit n'eût pas fini bientôt, si le silence des étoiles n'eût pas été interrompu par le joyeux matin, si les hommes ne l'avaient pas arraché à sa contemplation muette sur lui-même, lui rappelant par leur présence la misère et la vanité des plus belles choses, Gibbon serait mort ce soir-là de vanité et d'orgueil.

Ainsi moi, l'historien du Bas-Empire dramatique, moi qui viens d'écrire la dernière ligne de mon histoire du théâtre ignoble, je me sens saisi de joie, voyant enfin ma grande entreprise accomplie. Allons, mon page, mon chapeau de paille et mon fusil de chasse! allons, mes chiens! allons la forêt silencieuse! venez, toutes mes joies, entourer votre maître l'historien, votre maître qui vient d'écrire *les commentaires* de *Jean-Gaspard Deburau*, venez, mes fidèles, je veux avoir, moi aussi, mon moment d'orgueil, de vanité!

Herm ères. Mon moment d'orgueil et de vanité sous les vieux chênes de l'abbaye d'Hermières. Noble abbaye! le réfectoire est encore garni de larges dalles, les vastes cours regorgent de moissons comme autrefois, la chapelle est encore debout, abritant de son bois vermoulu les vieilles tombes aux inscriptions effacées; regarde l'autre Gibbon qui se promène à ton ombre féconde, ma noble abbaye! O vanité des gloires humaines! cette chapelle élevée là, ces vieux arbres plantés là, ces vastes et joyeuses cellules, toute cette attitude monastique, tous ces vieux souvenirs enterrés dans ces deux mille arpens de terre! tout cela pour qu'un jour je puisse venir achever en paix dans ces beaux lieux, au bord de ces eaux, sous ce beau ciel, la vie de l'histrion Deburau!

Et toute cette vie de l'illustre paillasse écrite avec tant de périls et d'orgueil, sans que mon héros m'en sache gré! Insouciant Bohémien, pendant que son historien est encore dans toute son extase, peut-être à l'heure qu'il est est-il, lui, à jouer avec les vieilles savates de la boutique dans

Conclusion. *la Mauvaise tête*, ou bien encore est-il occupé sérieusement à marier pour la dix millième fois au moins, dans *le Billet de mille francs*, Colombine avec le rival d'Arlequin!

Fin.

TABLE

DU TOME SECOND.

DEUXIÈME PARTIE.

AUTOBIOGRAPHIE.

FIN DE LA TABLE DU TOME DEUXIÈME.

www.ingramcontent.com/pod-product-compliance
Lightning Source LLC
LaVergne TN
LVHW012001220826
846092LV00001B/221

* 9 7 8 2 3 2 9 8 1 5 2 0 6 *